조용범 제 4 시집

해질녘이면 눈썹 끝에

책펴냄열린시

• 본 도서는 2025년 부산광역시, 부산문화재단 〈부산시문화예술지원사업〉으로 지원을 받았습니다.

해질녘이면 눈썹 끝에

지은이 조용범
펴낸이 최명자

펴낸곳 책펴냄열린시
주소 (48932)부산광역시 중구 동광길 11, 203호
전화 010-4212-3648
출판등록번호 제1999-000002호
출판등록일 1991년 2월 4일

인쇄일 2025년 6월 18일
발행일 2025년 6월 21일

ⓒ조용범, 2025. Busan Korea
값 12,000원

ISBN 979-11-94939-01-6 03810

• 저자와 협의하여 인지를 붙이지 않습니다.
• 잘 못된 책은 바꿔 드립니다.
• 이 책의 내용 중 일부 또는 전부를 저자 및 출판사의 동의없이 사용하지 못합니다.

□ 자서

어스름한 새벽 대청마루 마주한 나뭇가지에서
울고 있는 까마귀 소리는 반려자를 만나는 기별
이었다는 것을 늦게 알았다 반세기 동안 곁에
머물면서 기쁘고 넉넉하였다는 것을 이제야 느낀다
남은 흔적의 뒷바라지도 물빛처럼 젖어들고 꿈으로
지낸 무지개 같은 삶 거울 속으로 보이지만 돌아올
수 없는 길로 가버리고 한없이 보고 싶고 아프지만
영원히 떠난 당신에게 이 책을 바치고 싶다

2025. 5월
조용범

자서…3
목차…4

제 1 부 나만의 숲길

나만의 숲길…11
내가 사랑하는 사람…12
을씨년스런 늦가을…14
삼계탕 골목…15
해우소…16
맛의 눈치…17
바다 수채화…18
노을은 바다를 삼킨다…19
구름바다…20
한가위…21
별을 먹고 사는 이슬…22
끓는 가마솥…23
만추를 보다…24
가을을 밟는 백양산…25
돌부리 차는 무지개 빛…26
비목을 지키는 아픔…27
빛을 밀어내는 그림자…28
햇빛과 소나무…30
허공에 걸린 반달…32
연리목으로…33
익어가는 나이…34

제 2 부 선풍기의 외도

별빛 내리는 오두막집…37
어둠이 밀려가는 아침…38
선풍기의 외도…40
부처를 업고 있는 대웅전 서까래…41
그늘은 침묵한다…42
키 작은 연필…44
매화 주둥이…46
홍매…48
화려한 외출…49
혼미한 꽃밭…50
왕벚꽃 미소…51
음악과 음악 사이…52
속울음 우는 두릅…53
집시의 고독…54
꽃양귀비 앞에서…55
뻐꾸기 울음…56
아우라지에 뜬 달…57
울산항의 자존심…58
정선 레일바이크…59
냥우 재래시장…60
은해사 물방울…62

제 3 부 물의 절벽

몸부림치는 파도…65
가을이 가는 곳은…66
코스모스 흔들릴 때…68
지평선 넘는 태양…70
메밀밭 고추잠자리…71
가을바람 독백…72
물의 순례…74
나이아가라를 보면서…75
서둘러 떠난 빈 자리…76
자유의 여신상…77
노벨상 깃발…78
물의 절벽…79
면사포 쓴 한라산…80
목련꽃 피다…81
드므…82
가로등…83
십리대숲 길…84
이팝꽃 피는 날…86
샘터…87
블라디보스토크…88
꽃 물레…89
오시리아 해안 산책로…90

제 4 부 까마귀 울음

두근대다…93
사랑하는 마음…94
그리운 사람 있어…95
까마귀 울음…96
기다림…98
영면…100
망초꽃…102
광안리 불빛…103
동해남부선 옛 철길…104
불꽃 축제…105
우리 집…106
흰 소나무…108
어머님께 드리는 노래…109
산수유…110
봄바람이 불면…111
백로…112
봄 달맞이 길…113
오월 장미…114
해질녘이면 눈썹 끝에…115
어머님 전…116
□ 해설/그리움의 리얼리티-강영환…120

제 1부
나만의 숲길

나만의 숲길

바람이 잠든 숲길
종다리 지저귐이
늦잠 깨우는 자명종일 때
뻐꾸기 노래 밀려나는 여름
멀리서 개 짖는 울림
오솔길을 먼저 채운다

길섶 수줍은 얼레지꽃
반가운 듯 숙인 고개
하늘거리는 물푸레 나뭇잎은
새벽 눈인사를 건넨다

남은 숲길 가는 오후는
어떤 길로 열릴까
나무가 안개 속이다

능선 위 하늘은 손에 잡힐 듯
구름으로 가는 비워야 할
나만의 숲길이다

내가 사랑하는 사람

숨겨 두고 싶은 사람을
멀리 바라만 보고
두고두고 두근거리는 뒷모습
가슴 흔드는 기울어진 마음
심장을 헤아릴 수 없게 한다

몰래 위하는 사람은
가슴속 깊이 숨겨 두고
머언 풍경 같기도 하며
어쩌면 가까운 식탁 같기도 하여
오늘도 설레어 본다

늘 베푸는 사람에게
오랫동안 숨겨 두었던 뜨거움
잡힐 듯한 눈부터
그대에게 보내어
미소 보이고 싶다

그리워하는 사람 위하여
멀리 있는 그림자 속에

지나온 간절했던 기억들
한 아름 끌어모아
하늘 깊이 띄워 본다

을씨년스런 늦가을

무던하던 햇살은 기울고
어느 틈에 한 계절 끝자락
라디오는 서릿발을 알리며
낙엽을 돌아보게 한다

눈부시도록 익어가는 황금 들녘
농부들 손길을 바쁘게 하며
콤바인 소리가 가을걷이로
벼 마대 만삭이 되어 뒤뚱거리며
탈곡 병원으로 실려 간다

견디어 온 땀은 잊어버리고
익어가는 가을은 풍성하게 되어
거두어들이는 기쁨이 가득하며
들판 기계 소리는 힘을 싣고
일손들 입가엔 함박꽃이 핀다

서리 내리는 텅 빈 들녘
이삭줍기에 바쁜 까마귀들 을씨년스러움을
소슬바람으로 전하여 온다

삼계탕 골목

목 놓아 우는 매미
정자나무 그늘을 뜨겁게 달구어
동구길 풋감을 익게 한다

길을 나서는데
앞을 막는 앞산 이마가
일렁이는 열기 속
뜨거운 날숨을 내쉬어 본다

누구나 찾는 그늘 속
뻐꾸기 울음소리
치켜뜬 눈썹이 되살아난다

노을 속으로 숨어든 풀꽃들의 속삭임이
서산마루에 걸쳐 있는 해거름
성큼 물속으로 가라앉는다

닭 울음도 땀 흘리는 더위
초복은 닭 울음소리로
삼계탕 골목을 비좁게 한다

해우소

채우면 비워야 한다
산사에서 들리는 독경이 아니다
쓸모없는 티끌은
벗어놓아야 한다

가장 편안한 자세로
들려오는 선율에 맞추어
쫓아낼 가시들을
쏟아 버려야 한다

돌덩이 무거운 앙금
쓰레기 가벼운 바람 덩이도
지나치면 버리지 못한다

텅 빈 항아리 될 때까지
내 소유 어디 있던가
비움이
겨드랑이에 깃털을 돋게 한다

맛의 눈치

입안 가득한 어묵꼬치가
내 걸음에 발을 건다
그림자도 함께 뒤뚱거린다

드러낼 수 없는 입맛이
저울 무게를 높이고
피돌기를 가로막는다

가출해 버린 체중
가쁜 숨을 몰아쉬며
애초 모습으로 돌아간다

젓가락에 매달려 있는 몸무게
숟가락을 넘치는 단백질
주체할 수 없는 식욕이
혀끝을 맴돌고 있다

지탱해야 할 무게는
맛의 유혹을 보며
뒷걸음질 치고 있다

바다 수채화

바다를 열고 온 아침이
숲속에서 눈을 뜨고 피어났다
동녘을 향한 얼굴이 밝아진다
내 안 두 번째 방에도 불이 켜진다
손에서 느껴지는 햇살 촉감
품 안에 날아든 꽃이다

향기 나는 빛을 내는 한 잎은
때 묻은 세 잎과 함께
미소 띤 토끼 눈동자를 만난다
거센 해풍에 밀려난 먹구름
굴곡진 파도조차 사라지면
바다는 해독되지 않는 책이다

눈에 들인 만남은
해바라기꽃 속에서
먼 수평선을 향한다
바다가 그린 물결 위에
네 잎 클로버가 춤춘다

노을은 바다를 삼킨다
—요트선상

바다 바람에 계절을 잊어버렸다
불빛을 마주한 부산항으로
바람은 달려가고 있다
검은 바다는 먼 노을을 보고 싶어하고
노을은 바다를 삼킨다

널브러져 있는 불빛을
가슴으로 먹는다
나를 감싼 어둠을
바람에 날려 보내며
어디로 가는지 나는 지켜본다

짐을 벗어 버리고 가볍게 날고 싶지만
항해는 지울 수가 없다
흔적 없는 바람으로 어둠을 벗고 싶다

가지고 있는 모든 어둠
바다 항로에 내려놓고 싶다

구름바다

목화밭이 된 운해
비행기 창틀에서 목화송이가 핀다

숭어는 춤을 추고
고래는 유영을 하며
태평양 건너는 제비는 바람을 타고
화살로 빠져 나간다

두루마기를 입은 선인이
뭉게구름 펼쳐진 들판에 앉아 있다
흰 사슴이 흰 풀을 뜯고
구름 비추는 햇살은 바다에 취해
그 안에 담겨 버린다

푸른색이 고요해지고
살얼음에서 미끄러져
제자리에 멈추 듯하며
바다 용이 하늘로 솟는다
높은 산이 발아래 드러나고
나는 잠에서 벗어난다

한가위

달에 송편이 담겨 있다
더위 날려 보낸 가을바람
간짓대 고추잠자리는
노을을 먹으며 날아 간다

한가위 비추는 보름달
수줍음 감추려고 살짝
구름 뒤에 숨는다

행여 오시려나
손가락 헤아리며
가슴 조이는 밤
이슬 반짝이는 눈물이다

담장 위에 소리 없이 자라는 박
둥근 달빛 먹으며
웃음 가득 담은 보름달로 뜬다

별을 먹고 사는 이슬

열기로 쌓았던 두터운 벽도
돌아가는 나이테에 쉽게 무너진다
무너지는 소리에 귀뚜라미 노래하고
산자락 노을이 가슴을 쓸어 내린다

갈바람에 나뭇잎이 귓전을 울리고
열기 가득 품었던 모래바람
따뜻한 햇살이 구름을 삼킨다

고추잠자리 춤사위에 강물이 흐르며
숨쉬기 힘든 땅속 두더지는
더위를 먹고 가을을 파고 든다

동구 밖 정자나무는 불어오는 바람을 마시고
산 그늘 아래 모여든 바람이 눈짓을 한다
더위에 힘을 얻어 넓게 벌려진 굴참나무 잎
가을 여치 울음 앞에 고개를 숙인다

별을 먹고사는 이슬 흔들고 가는
소슬바람에 흔적을 감춘다

끓는 가마솥

밀쳐둔 들러리를 품고
임계점을 끓이는 가마솥
무엇을 위해 끓어야 하나

개 짖는 소리 가깝다
입 큰 사람들이 모여 든다
가마솥에서
복날이 우러나는 소리

철없는 사람들이 주머니를 턴다
어디서 왔느냐고
누구냐고
개는 묻지 않는다

태양 아래 비틀거리던 봄날은
실신한 더위에 쫓겨나고
편백 나무 그늘
가마솥이 끓는다

만추를 보다

소슬바람에 나뭇잎이
붉은 눈으로 충혈되면
나무는 황금색 열매로
다람쥐 추위를 감춘다

하얀 눈물로 햇살 따르는 서리는
무거운 통증으로 땅을 훑고 다닌다

계절을 내려놓은 옷걸이에 걸려있는
잃어버린 색깔
장롱에는 족제비 털이
외출하고 싶어 한다

저마다 옷차림에는
살구색을 묻어버린 빛깔로 무거워지고
걸음걸이가 어제와 달라진다

삐걱거리는 관절은 가을을 흔들며
휴지 조각 찢듯 멍든 마음으로
쉼 없이 만추를 보낸다

가을을 밟는 백양산

바람결에 떨어지는 나뭇잎
지는 잎사귀와 같이
길거리 뒹구는 가랑잎은
가을 분위기에 휩쓸려
한 곳에 있지 못하고
힘없이 바람 타고 있다

산들바람이 잎새를 흔들지만
힘겹게 가지를 붙들고 있을 때
햇살은 모른 채 비껴간다

깊어 가는 찬바람 더하지만
이때를 견디기 힘들어 발버둥 치듯
가지에 매달려 있다

떼 지어 날리는 노란 은행잎
코끝을 스치는 냄새를 흘리며
바람 따라 떨어지지만
새잎으로 피어날 때를 기다리며
백양산 가을을 밟아 본다

돌부리 차는 무지개 빛

어둠 밀어내는 새벽길
가로등 불빛이 거꾸로 선다
소슬바람을 주머니에 넣고
키를 세우는 성에가
동공을 따라 나선다

어두운 유리창이 환해질 때
무지개 빛은 돌부리를 찬다
멀고 가까움을 잴 수 없는 길
부릅뜬 흔적에 눈시울만 따갑다

길을 걸으면서 다짐하던 날들을
바람으로 날려 보내고
재빠른 여명이 몸을 스쳐 갈 때
떨어지는 별똥별을 줍는다

누구라도 그러하듯
눈으로 보는 어둠과 빛은
바람이 지나가는 길목에서
맑은 빛으로 길을 내어 준다

비목을 지키는 아픔

눈을 닫고 귀를 열어
새들이 돌부리를 찾는다
고목에 바람을 앉히고
흘러간 아픔이 비목을 지킨다
살갗은 거칠지만
그림자를 잠재울 수 없는 흔적이다
산울림에 놀란 까투리
날갯짓 소리 눈물로 쌓인다
구름 위의 바람은 햇빛으로 내린다
나뭇잎 떨어지는 오솔길 발걸음에
콧등에 서릿발이 돋는다
넓은 빈터 돌감은 눈만 깜박인다
이끼 낀 돌무더기 사이로 흐르는 물은
맑은 노래로 비목을 흔든다

빛을 밀어내는 그림자

산에서 내려오는 그림자
보이는 풍경 지우며
눈에 담은 물체 속으로 옮겨가면서
빛을 밀어 낸다

웃음꽃 피우지 못하는
얼굴 없는 방문
검은 옷 입은 흰 신사가
달려가는 구름을 멈추게 한다

거울 속 검은 고양이
공중으로 솟구치며
전동차 문틈에서 잘린 꼬리를
출구에서 찾아 간다

고양이를 따르던 추종자는
잘못된 거울 속 모습으로
벌거숭이 검은 방문자를
달빛에서 찾으려고 한다

그믐 속에 숨었던 달
새벽닭 울음소리에
쫓겨 가면서
불꽃을 피운다

햇빛과 소나무

햇살 내리는 소나무를 떠난 까치둥지는
허공에서 갈참나무를 찾는다
까치는 음지에서 땅속을 들여다 보다
빛이 비치는 곳으로 고개 돌리고
남몰래 맺은 진달래꽃 봉오리는
봄 오기를 기다린다

아침햇살 받고 자란 바람은
나뭇가지 사이로 뒷걸음질하다
금정산 중턱에서 넘어 진다
소나무 군락지에 우뚝 솟은
노란 솔잎 맛은 중태기 매운탕이다

자욱한 안개 부여잡고
산수화 한 폭 그려 보지만
참새 한 마리 날아들지 않는다
산바람이 소리를 내며 스며드는데
반가움 맞이할 주인은
안개만 그치기를 기다리고 있다

온천수가 산으로 올라가 주변 맴돌다
쏟아져 땅속으로 숨어 버린다
사철 푸른 심장으로 햇빛을 지키며
무성해진 소나무는 팔을 벌려 서로를 바라보고
산새들을 기다리며 눈만 둥그렇게 뜨고 있다

허공에 걸린 반달
—배드민턴

하늘을 내리친다
허공에서 구경하는 하루살이가
그물의 채 사이로 빠져나가고
뒤통수를 맞은 셔틀콕이
어리둥절하는 사이
나무 위에서 눈만 껌벅거리던 까치가
그물 위로 달려든다

우주로 날아오른 공은
그물 위를 재빠르게 넘어가고
허공에 걸린 반달
운동장 기슭에 드러눕는다

이웃의 붉은 웃음은
산기슭 속을 헤집고 들어가
푸른 땀을 닦는다

득점 게시판에는
배부른 빛으로 가득하다

연리목으로

가쁜 숨소리 내며 가는 산길
오래도록 닮아 온 사이
서로 이웃하여 손잡고
남아 있는 애틋한 울림으로
하나 되는 인연이다

냇물을 건너는
맞잡은 손
지나가는 바람조차 붙든다

반딧불이
꼬리에서 보랏빛 싹이 틀 때
천년을 지켜온 기왓장 푸른 이끼조차
오래도록 쌓아 온 뜨거운 몸으로
지켜오며 보란 듯 숨 죽인다

하나 된 연리목으로 외줄을 걷는다

익어가는 나이

치아가 결손 되고 돋보기를 찾으며
보청기에 의지하고 음성이 퍼석해지는
칠순의 언덕을 지나
잠자리에서 일어날 때나
앉아서 일어날 때
머뭇거리는 행동이 굼뜬다

무거운 관절 고통 피할 수 없어
어깨를 앞으로 수그리고
뒷짐을 하여 걷는 팔순이 되네
느릿하게 걷기도 하고 쪼작하게 걷다가
끝에는 누워 지내는 게 편하게 된다

내 나이 벌써 이렇게 됐냐고
혼자서 중얼거리게 되는 저물녘이
한 생의 순리인 것을
노년엔 남을 칭찬할 줄 알고
작은 선심을 베풀며
감사한 마음으로 살아가면
노인 생활이 즐거워질 것을 배우며 산다

제 *2* 부
선풍기의 외도

별빛 내리는 오두막집

허가를 받지 못한 삭정이는
건축 도면에 주춧돌을 매달아 놓는다
바람에 흔들려도
공중에서 그네를 탄다

다람쥐가 발을 들여놓지만
부러진 발가락으로 공중제비를 한다
술 취한 고양이
출입구가 좁아 들어가지 못하고
모이 쪼는 박쥐
햇빛 가득한 둥지 안으로 든다

별빛 내리는 오두막집에서
조잘대는 새끼들을 보내고
덩그러니 빈 까치둥지에 앉아
발톱을 깎는다

어둠이 밀려가는 아침

태양이 오르기는 이른
아침 바다
해무 속에서 불덩이가 용트림한다

커튼 열고 나선 태양
갈매기 무리 지어 수평선으로 가고
새해 일출을 가슴에 새긴다
불덩이는 귓전을 울리며
붉게 피어오르는 동해 숨소리
출렁이는 물결 위로 밀어 올린다

일출 명소에는 해가 너무 많아
맑은 해 눈 속으로 숨어들고
나르는 갈매기는
높은 곳을 찾아간다

어둠은 해돋이에 밀려 서쪽으로 가고
새벽을 깨우는 장닭의 홰치는 소리에
남해가 들썩인다

대장간 용광로처럼
아침 태양은
붉은 미소를 뿌린다

선풍기의 외도

선풍기가 외도를 한다
밝음 안에 어둠을 숨겨
클래식 흘러나오며
핸드폰이 소리 지른다

그림은 광장으로 나와
연인들을 춤추게 하고
스탠드 앞 책 바람이 난다
텔레비전이 쏟아내는 눈요기
그 속으로 들어간다

테슬라의 배전시스템
어두운 길을 밝혀주는 등불이며
잠시만 헤어져도 길을 잃는
손에서 뗄 수 없는 빛이다

한여름 냉수마찰은
냉동고 안에서 잠들며
푸른 빗방울 뿌리는 선풍기
가전제품 믹서기는 공중으로 날려 보낸다

부처를 업고 있는 대웅전 서까래

길 버린 까치가 어둠에서 나온다
불빛 없는 오솔길
앞서가는 굴참나무를 따라간다
돋보기 걸친 소나무는
볼록렌즈에 목적지를 손짓하지만
손전등 방전으로 너덜겅만 희미하다
능선을 넘나드는 안개는
바람 불지 않아도 뭉쳤다 흩어지고
대웅전 서까래는 부처를 업고 있다

부처를 잃어버린 도사견은
웅크린체 어둠을 바라보며
목에 걸린 풍경을 흔들고
돌아가는 길을 찾고 있다

재래시장 골목으로 내려온
석가모니 그림자가
붉은 등을 좌우로 흔든다

그늘은 침묵한다

사물에는 그림자가 생긴다
그늘을 만들어 사물을 대신한다
쉽게 덮이지 않고 지워지지도 않으며
내가 만들지 않아도 붙어 산다
내 몸짓을 따라 움직이며
늘 어둠 쪽으로 밀려나 바닥에 엎드려
주목받지 못하고 소외 당한다

꾸중을 많이 듣고 자란 사람은 그늘이 크다
사랑을 잃어버린 어른이 되어
그늘은 몸 구석에 숨어 있다
지친 노동자들에게 쉼터가 되기도 하며
두 개로 겹칠 때는 두터워져
지워지지 않는다

그늘은 집이 없어 노숙한다
비바람 눈보라 맞으며 몸 숨기지 못해
어디로 혼자 떠나지도 못하며
사랑할 일 잊어버린 독거노인이다
새들도 새똥을 남기지 않는다

나는 한 번도 자리를 내어 준 적 없다
그늘은 날아가고 싶지만 침묵한다

키 작은 연필

키 큰 연필과 몽당연필이 모여
꽃을 피운다
함께 모여 키 재기를 하며
수줍은 미소로 나타난
짧은 토막은 할 일을 찾아
공부 방에서 공방으로 건너간다
피투성이가 되어도
다 쓴 볼펜에 꽂혀 남은 일을 시작한다

응접실에서는 잉크 없는 볼펜이
부활을 꿈꾸지만 감겨있는 붕대는
새 길을 위하여 하얗게 빛을 낸다
함께 지내온 키 작은 연필은
외톨이가 된 볼펜에게
웃음꽃을 선물한다

몽당연필의 속내도
검은 심에서 만들어진다
손안에 피어있는
꽃을 본 하얀 나비는

날개가 젖어 있고
날개만 남아서 길을 간다

매화 주둥이

가스불이 끓는 점을 넘을 때
아폴로11호는 달에 착륙한다
외진 자리에 앉은 푸른색 보온병은
혼자서 매무새를 손질한다
보온병이 달나라를 바라보는 순간
주둥이가 앞으로 튀어 나온다

붉은색 버튼을 누르면
분홍색 매화가 날아 간다
사색에 잠긴 나는
튀어 오른 주둥이를 만지며
좌우로 눈을 돌리자
매화 봉우리가 하늘로 치솟는다

호주머니에서 끄집어낸
하얀 나비는 뜨거운 물 속에서
퍼덕이다 한쪽 날개를 펴지 못한다
혈통 없는 진도개가
파리바게뜨 진열대 식빵을
장바구니에 가득 담아

달을 보고 짖어 댄다

나도 달나라 온수를
주머니에 퍼 담는다

홍매

날카로운 추위에 할퀸 자리
매화 꽃잎 밀어 올린다

하늘이 준 향기 날릴 때
시샘하는 눈발이 스치고 지나가도
가냘픈 꽃잎이 붉게 탄다

가지 사이로 찬바람은 흐르는데
집중하는 눈발의 아우성은
가까이 올 수 없는 높은 누각
검은 가지 끝
화가의 그림 속에서 더 붉다

바람이 셔터를 누르자
수줍은 볼 붉은 소녀의
붉은 입술은 타고 있다
창에 비친 여인이
봄을 열어 젖힌다

화려한 외출

깊은 잠에서 깨어난
오목한 가슴은 물 위에 솟구친다
브래지어로 가린 수줍은 수련의
하얀 입술은 새벽을 열고
접근할 수 없는 물의 여신으로
화려한 외출을 준비한다

꽃은 소녀의 입술을 보고
입을 다물지 못한다
붉게 물든 성숙한 열정이
물위에 쪼그리고 앉는다
소녀는 나뭇가지에 매달린 아침을
하얀 접시에 담아 나에게 보낸다

햇살 한 아름 가슴에 안은 나는
저녁노을을 바라보며
가벼운 걸음으로 소리 없이 걸어간다
꽃밭을 벗어나지 못하는 나비
숨 가쁘게 허공을 퍼 마신다

혼미한 꽃밭

먼 산 언덕에 눈이 쌓여
겨울을 떠나지 못한다
볼 시려운 바람은
뒤돌아보며 한 아름 녹아 내린다

가끔 불어오는 남녘 바람은
봄이 오고 있다는 소식을 품고
하얀 꽃들과 함께 온다
어느새 포근한 가슴은 열리고
봄나들이 나선다

가슴에 묻어두었던 꽃향기
짙은 꽃 빛깔 되어 벚꽃밭을 이루며
그 속에서 내 마음도 활짝 핀다
봄바람은 꼬리를 흔들며
무리 지어 그늘에 향기를 내려 놓는다

매화 묵은 가지를 넘어온 봄은
큰 소리로 활짝 웃는다
초대받은 봄 햇살은 꽃밭을 휘젓고

왕벚꽃 미소

살포시 뜬 눈들이 겹겹이 쌓여
웃음으로 활짝 피운다
뜨거운 눈부심으로 숨이 가빠져 온다
온몸에 느껴오는 전율
연한 살결같이
발길을 사로잡는 수많은 눈빛
떠나지 못하는 분홍빛
자꾸만 뒤돌아본다

어느새 포근한 가슴
놓치고 싶지 않은 뜨거운 속삭임
수많은 정
가슴깊이 새겨든 연분홍 미소
수줍은 듯 넉넉한 왕벚꽃
아프로디테의 모습으로
뜨거운 향기를 머금었나
보고 또 봐도 뒤돌아보며

음악과 음악 사이
—복면가왕

좌편에서 나는 소리에 매료된
두 눈 동그랗게 집중 시킨다
하늘이 무너질 듯한 깊은 공간에서
의식케 하는 우右편 음악
소름끼치는 전율이
마음을 말끔하게 해 준다
부드럽게 흐르는 물결처럼
때로는 거센 파도 부딪치는 소리
밀물에서 썰물로 변할 때
우람한 격조에 온몸 빼앗긴다

순간으로 흐르는 뜨거워진 핏줄
부풀어 오르는 심장박동은
천지를 요동치게 한다
희열이 넘치는 삶의 무대는
복면 속에 가려 있다
그 속에서 당신을 본다
가면이 벗어지는 날
깜짝 놀라게 될
천상의 오선지가 펼쳐질 것이다

속울음 우는 두릅

성난 가시가
두 눈 부라리며 호통을 친다
성난 가지를 휘어잡고
파란 봄을 훔친다
잘린 자리에 바람이 찾아와
어루만져 주지만
가시만 둥그렇게 남는다
속울음 우는 두릅은
제 몸 가누지 못하고
잃어버린 꿈에 쫓긴
게으른 봄이
가슴팍에 울타리를 친다
메마른 가시밭에서
이마 맞대고 모여 사는
본향인 것을

집시의 고독

굽은 허리가 캠핑카 안으로 들어간다
끝없는 길 위로 달리고 싶다
숲속 좁은 빈터에서
밤하늘 별빛을 바라본다

밤사이 내린 비
그치지 않는 물소리에
집시는 바람을 가둔다

피어나는 열기 속에
하얀 연기는 웃음을 머금고
서로의 안부를 물어온다
야영 모닥불은 상쾌하다
솟구치는 불티를 타고
우주로 가는 여행이 펼쳐진다

쿠션으로 흔들림은
움직이는 작은 맛을 느끼게 한다
캠프촌의 깊은 밤은
풀벌레 소리로 아침을 맞이한다

꽃양귀비 앞에서

미소를 흔드는 눈빛으로
절정을 뽐내는 꽃양귀비
바람을 희롱한다

내 안에 들어와 깊은 곳에 자리 잡고
화사하게 차려입은
맵시 고운 자줏빛 옷차림
보는 이에게 향하는 손짓은
불꽃으로 타오른다

스스로도 좋을 만큼
눈부신 자태
강하고 애틋한 빛으로
되돌아올 수 없는 핏물
가슴 깊이 흐른다

바라보는 진한 시선에
감전된 듯
온몸이 저려온다
나눌 수 없는 전율이다

뻐꾸기 울음

멀리서 들리는 피울음
그치지 않는다
소리가 산장을 누빈다

더위를 안고 오는 초여름
나무 그늘 아래
가슴 찢는 슬픔이 울려 퍼진다

잃어버린 자식이 있을까
가까이 있음을 알리는 신호일까
울음소리는 점점 깊게 들린다

저물어가는 해거름에
뻐꾸기 울음이
잎새를 흔들고 있다

아우라지에 뜬 달

나루터에 서 있는 처녀는
투명한 강물을 흘려보내고 있다
뗏목 타고 떠난 님은 오지 않고
처녀는 가슴만 태운다
물가에 늘어진 수양버들은
머리를 푼다
송천을 흐르는 양지 물과
골지천을 흐르는 음지 물이
협곡에서 만나면
물 동백이 꽃을 피운다
아우라지 정선의 총각은
눈길을 놓을 수 없어
몇 날이 흘러도 떠날 줄 모른다
바람 따라 흰 구름 흐르는데
두 물길이 만나 어우러져
속살 깊이 속삭이며 흘러간다
물줄기 모인 나루터에는
떠난 님을 기다리는 빈 배가
초생달만 바라본다

울산항의 자존심

잡목 사이 비춰오는 불빛으로
하늘 한 켠 서쪽으로 기울고 있을 때
수평선 너머 묘박지에
먼 항로를 가슴에 안은 외항선이
가물거리며 불빛을 발산한다

석유화학단지의 눈부신 섬광
저물어가는 어둠을 삼킨다
비좁은 골목길을 인도하는
도선사는 덩치 큰 선박을 안내한다
굴뚝에서 뿜어 올리는 불기둥은
울산항 자존심을 지켜주고
해풍을 먹고 사는 곰솔은
관광객이 가는 길을 앞장서서 간다

불타는 하늘은 지칠 줄 모르고 피어오르는
코발트 빛 윤슬에 내 마음을 담근다
당간지주 현수교는
내 앞을 드나드는 마음을 지켜주고
광활한 불빛에 눈부심을 느낀다

정선 레일바이크

페달을 밟는다 병방산 절벽 위로
안개 몰려와 구름 위를 달린다
속살 드러낸 햇살은 고추를 익힌다
상쾌한 매미 노래에 허기를 느낀다
셀카봉 소리에 바이크는 숨죽이며
철길 따라 흐르는 산과 숲이
눈길을 사로 잡는다
산촌 풍경은 늘 싱그럽다
흥겨운 아라리가 흘러나오고
나는 철길 따라 흘러가는 아라리가 된다
터널 속에서 만난 관광객은
바이크를 타고 떠나고 있다
레일에 깔린 자갈들이 일어나
아우라지역으로 돌 팔매질을 하고
구절리역에서는 풀벌레 소리가 난장을 이룬다
말 없는 여치가 고개 숙인 자세로
꼼짝없이 제자리만 머문다

냥우 재래시장

진열장을 벗어난 수많은 물건
지나는 방향 앞에서 나를 잡아 끈다
좁은 골목은 마주치는 눈빛과
밀어내는 눈빛으로
발걸음을 멈추게 한다

넘어지고 일어서도 그 자리에는
아우성만 가득하다
서로가 뽐새를 내며
유혹하는 상품들로
고함쳐 보지만 손님은
머리만 혼돈해 있을 뿐이다

바쁜 시장바닥은
가야 할 길을 잃어버렸다
눈을 뜨기 번거롭고
코를 찌르는 시장 냄새가
정겨운 분위기를 만든다

흔들리는 계산대에서

마주치는 흥정은 서로의
가졌던 마음을 다스리게 한다
한바탕 불꽃 튀는 싸움을 벗어나
이국의 웃음을 맞는다

은해사 물방울

팔공산 자락 영천 은해사 깊은 계곡
들어가는 길은 울창한 숲으로
솔바람과 샘천을 따라 흐르는 길
계곡물 위에 떨어지는 빗방울 소리
하늘이 보이지 않는 숲길이다

세상에 평안, 마음에 자비를
베푸는 고요하고 향기로운 곳
넓은 앞마당은 만발한 철쭉꽃밭
주변은 싱그럽게 우거진 녹색 물결로
마음을 끌어당기는 천년 사찰
극락보전으로 지켜오고 있다

계곡엔 오래된 소나무가 즐비하고
참나무와 느티나무 연리지가
이 땅 경사스러움을 알려주며
보는 사람들을 행복하게 한다

제 3 부
물의 절벽

몸부림치는 파도

파도를 찢는 바람
밑바닥 드러낸 몸부림치는 해류
하얀 거품이 하늘을 난다

거친 숨결 출렁이는 물이랑
끝없이 밀려오는 높은 물 언덕
뭍을 향한 출발점이다

왔다 가는 큰 꿈들은
해벽에 부딪치는 물결 소리에
가다듬은 머릿결을 찾는다

푸른빛을 한 아름 안고
먼 수평선을 달려와
물거품만 남기고 돌아간다

항로 없는 몸부림으로
가슴에 응어리만 남겨 놓고
깊은 수심에 숨어 버린다

가을이 가는 곳은

책갈피에 비쳐오는 달빛이
귀뚜라미 노래 부르게 하고
돌담 사이로 내려앉은 찬 바람은
국화꽃을 피우게 한다

먼저 가는 계절을 잡을 수 없어
소쩍새는 밤새 목청을 높인다
억새 풀 하얀 가을은
가슴속 품고 있는 기러기 떼를
멀겋게 바라본다

바람에 살랑거리는 코스모스는
여름을 참고 견디어
화려한 꽃으로 활짝 피운다
한차례 소나기 지난 후
고추잠자리 하늘을 날며
풀섶 메뚜기가 시샘한다

맑은 계곡 따라
노랗게 물들어 가는 풍경에 만취한다

길 위에 떨어지는 낙엽은
어디론가 굴러가면서
생각 한다, 누구나 떠나야 할 때를

코스모스 흔들릴 때

높게 떠가는 가을바람
푸른 바다 위를 스쳐 지나간다
노숙자가 쏟아지는 별들을 끌어모아
잠자리를 만든다
붉게 물든 감을 따는 나는
터질듯한 풍선을 소슬바람에
날려 보낸다, 꿈을 꾸며

구름에 눌려있는 가을은
밤새 찬 서리 머금고 내려와
담장 위의 호박을 누렇게 만든다
노을에 잠긴 파도가
골목 모서리를 지날 때쯤이면
수줍은 듯 빨갛게 물이든다

휘날리는 가을은 차례를 모르는 채
인도 위에 나뒹굴고
하늘에 달린 수세미는
성급히 지상에 내려온다
익은 능금볼을 본 허공은 요란하다

흔들리는 마음을
검은 가방에 구겨 넣고 있다

지평선 넘는 태양

타는 장작불 헤치고
내 앞에 나타난 문지방이다
오솔길 입구에서 나부끼는 나뭇잎 사이로
맑게 비쳐오는 얼굴이 있다
타는 석양빛을 등지고
황금벌판에서 펼쳐지는 참새 떼 군무
넘나드는 눈부심이다
밀물처럼 밀려오는 찬 서리에
덩치 큰 태양은
썰물 되어 지평선으로 넘어 간다

만났다 헤어짐을 반복하듯
빛의 굴절 틈새로 찾아오는
언덕배기에 자리 잡은 까치밥 한 알
마지막인양 붉은 미소를 보낸다
달빛에 숨은 귀뚜라미가
깊은 밤을 더듬을 때
어둠이 소리 없이 찾아온다
잠시나마 같이 있고자
너를 붙잡아 두고 싶다

메밀밭 고추잠자리

메밀밭 지난온 저물녘 노을이
거실로 들어온다
하얀 꽃 눈부실 때
춤추는 고추잠자리와
메밀밭에서 숨박꼭질 한다

술래가 된 잠자리는
꽃그늘 속으로 날개를 숨긴다
파도치는 물거품 아래서
별빛을 부르면 푸른 그림자가
문 두드리는 소리로 들린다

휘파람을 남겨두고 온 오후가
두근거리는 심장을 안고
지친 햇살을 보낸다
창문으로 비쳐오는 달빛을
출렁이는 메밀밭에 깔아두고
지나온 길을 꽃으로 피운다

가을바람 독백

내가 그를 함부로 하지 못하거나
때론 미칠 듯 그리워하는 일은
뭉게구름이 가지런히 떠 가듯이
바람의 손에 맡겨지기 때문이다

허공으로 흩어지는 구름을 보면
아무도 부르지 않는 데도
유리창을 스쳐 지나가는 구름
내 가슴으로 들어온다

구름이 지나온 자취는
짙은 국화 향 속으로 스미는
내 눈물 자국이다

높고 투명한 하늘에
귀뚜라미 지휘하는 맑은 선율이 흐른다
길섶 풀밭 오케스트라 연주가
퍼지는 하늘에 웃음 띤 햇살 받으며
알곡 익어가는 들판이다

나는 가장 어렴풋한 표정으로
먼 길을 홀로 걸어온 구름을
그가 들어주지 않아도 오래
내 곁에 앉혀 두고 있다

물의 순례

나이아가라 폭포 물소리가
부서지며 하늘을 덮는다
거침없는 몸짓 하나로 지구를 울리며
나를 흔들어 댄다
강물은 내리쬐는 햇살을 머금고
뜻밖의 일로 떨어지는 아픔을 못 견뎌
울부짖는 아우성이 하늘을 찌른다

너는 먼 길 걸어온 피로로 아우성치며
떨어지면서 바닥을 치고 다시 바다로
찾아가는 먼 순례를 품는다
눈물을 받아 든 이리호는
먼 하늘과 구름만 아픔을 다독일 때
온타리오호는 쉬지 않고 제자리 찾아가는
무지개다리를 놓고
먼 길을 향해 털고 일어선다

나이아가라를 보면서

쏟아져 내리는 물 폭탄은
지구를 우렁차게 두드리고
여행객 심장을 흔들어 댄다

끝이 보이지 않는 이리호를 지나면서
아래로 먼 길을 가는 느긋함으로
굽이쳐 흐르는 물길은 한가로운 평화다

벽이 있어도 탓하지 않고
돌아갈 줄 아는 그런 흐름
말없이 목표를 향하는 꾸준한 발걸음
거대한 폭포를 쏟아 내는 강물을 닮아
내 가는 길도 물길을 따라간다면
어디서나 어울리는 이웃이 될 것이다

서둘러 떠난 빈 자리

기다림을 만들어 내는
길이의 공간이다
벤치에 앉은 눈들이 설레임으로 가득하다
곁을 스쳐가는 멀쑥한 청바지가 경쾌하다
찾아갈 숫자를 외워 두고
시계바늘을 힐끔 본다
창밖은 커다랗고
각국을 나타낸 국기가
햇살 가득한 공간에 앉아
발길을 재촉한다
핸드폰만 만지작거리며
모두 여유가 가득하다
스피커에서 갈 곳을 재촉하는데
시끄럽게만 들린다
탑승 시간인데 누군가가 없어졌다
서둘러 떠난 빈자리가 더 크고 넓다
공항에서 떠나야 할 때
목적지가 눈앞에 어른거린다

자유의 여신상

오른손에 빛나는 횃불
왼손에 독립선언서
자유가 세계를 비추고 있다
바람 안은 물결 위에 갈매기가 자유롭다
물결은 하얀 햇살을 품고
하늘이 높음에 고마움을 느낀다

맨하탄 빌딩 숲은 위로만 올라가고
치우침 없이 한결 같으며
여신상에 불어오는 바람은 따뜻하다
늠름해 보이는 한 손의 너그로움
다른 손엔 평화, 한가한 느낌이다
자유의 여신상에는 어둠이 없다

어머니
아름답고 소중한 것은 항상 내 손 안에 있다
바다 건너온 자비는
출렁거림에 단단하게 뭉쳐져 바위가 된다
굴곡의 역사를 품은 바다는
대서양을 변함없이 출렁인다

노벨상 깃발

푸른 잔디 넓은 광장은
동량을 키우는 젊음이다
찰스강 요트는 바람을 타고
교정에 정박한다

인종차별 없이 부드럽게 드나드는
가까움을 몸으로 느낀다
뽐내는 드넓은 공간이 마음을 사로잡는다
전문성을 갖춘 교정은
명문을 길러 주는 멘토들의 가르침이 보인다

두뇌는 쉬지 않으며 강의실은
즐겁기만 한 얼굴들이 활기차게 움직인다
자리마다 연구는 살아있고
가방에 담고 가는 지식들이 수북하다
웃음 띤 모습이 길을 찾고 있다
명문 연구 단지 MIT 공대를 본다
노벨상 깃발을 들고 펄럭인다

물의 절벽

티끌 없는 웃음을 삼켰나
파문을 끌어안은 수정체
물구나무선 채로 몸을 키워 가는
거꾸로 매달린 고드름
환하게 비치는 심장에는
어떤 미래도 솟아오르지 못한다

싸움이라도 하듯이
산산이 조각나기 좋은 자세로
가다듬은 뜻을 정한 듯
똑 똑, 혀를 찬다
다시 돌아와 수직으로 서겠다는 듯이
바람에 흩어지는 물의 절벽 끝
위태롭다

면사포 쓴 한라산

동백꽃, 동백나무 숲
붉은 꽃, 분홍 꽃, 흰 꽃
맑고 깨끗한 하늘 바람 품고
동박새 노래하는 제주 카멜리아 언덕
눈과 추위 속 꽃을 피워
수줍은 듯이 색을 뽐낸다

이마 어루만지는 바람에 돌아보면
한라산이 면사포를 쓰고 다가온다
바닷바람이 뭍으로 기어들어
가슴 뜨거운 웃음꽃 터뜨리고
오름을 넘고 귤밭을 지나
마을 어귀에서 서성거린다

숲 바람 넉넉함과 함께 걸으면
붉은 정열이 넘쳐 묵은 짐을 내려놓는 길
온통 빨간색으로 자리 잡은 거대한 꽃 잔치다
백록담 높은 선율을
희고 빨간색으로 홀리게 해놓고
언제 그랬냐는 듯 깔깔 웃는다

목련꽃 피다

파란 하늘에 고운 학이 날 듯
오래 기다린 후 토해 낸 순결
하얀 봉오리들이 솟아오른다

한 송이 꽃을 위해
여름부터 작은 싹을 틔워
삼복 땡볕 살 머리에 이고
천둥 번개와 소낙비도 삼켰다

혹독한 추위에 차가운 흰 눈은
차라리 이불인 양
머리에 이고 언덕을 넘어왔다
봄의 청아함으로 우뚝 선 오름이여

첫눈 같은 하얀 목덜미
봉긋한 젖가슴 맑은 목소리로
고향집 마당에 하얗게 뜨면 송이송이
수천 마리 백학으로 내려앉은
유년의 내 눈부심이여

드므

처마에서 떨어진 빗물을 받아
물거울을 만든다
지나가는 구름도 얼굴 비쳐 보고
참새도 앉아 화장을 고친다
담장 너머 나무들도 들여다보고
비쳐진 것을 보여 주는 거울이다

수면에 비친 불귀신은
흉측한 제 모습에 소스라치고
지나가는 여인네도 매무새를 고친다

넓적한 주둥이에 들여다보면
어떤 이가 나를 보고 무어라 하는 듯하다
일그러진 얼굴이 닮은 사람 같기도 하고
혼자서 가만히 마주하면
마음을 들여다보는 것 같아
얼른 매무새를 가다듬는다

가로등

어둠이 건물을 숨긴다
종일 긴 목을 아래로 꺾고 있다
해지면
길 가는 노숙인의 등불로 일어선다

소리 죽은 밤거리
주머니에 손을 찔러 넣고
지나는 이의 걸음을 응원한다
따라오던 그림자 앞으로 보내며
밝은 길 갈 수 있게 한다

별 하나 보이지 않는 밤하늘
창밖에서 비쳐오는
파란 불빛
괜스레 무거워진다

하얀빛으로 밝게
불나방을 불러 모아
스스로를 달래고
먼동이 트면 사라진다

십리대숲 길

가지런한 기둥 사이 하늘이 보인다
쏘물게 비슷하게 자라면서
고요하게 단장을 하고
서로 키재기를 하며 솟아오른다

마디마다 같은 간격
몸 안에 숨겨 놓은 올곧은 본성
바람이 불면 서걱대면서
굳은 심지를 소리 내 전한다

언제나 푸르름 버리지 않고
굽히지 않는 강철 같은 견고함
흐트러지지 않는 곧은 허리
바람 소리에 귀 기울여 지켜온다

엄동의 한겨울에도 흰 눈 덮고
휘어질지언정 곧은 자세
천고의 지절을 굽히지 않고
오염된 세속을 멀리한다

실개천 흐르는 태화강 둔치
엄동 칼바람에도 습설 이고
휘어질지언정 꺾이지 않는 몸
네가 지켜온 강물도 푸르다

이팝꽃 피는 날

오월 들판은 쌀밥이 가득하다
허기진 날 주린 배로
보릿고개 넘기 힘들어
하얗게 뜸 들인 쌀밥 꽃으로
그득한 밥상 차리는 꿈을 꾼다

눈 부신 햇살 한 상에
배고픔을 잊게 한다
활짝 핀 이팝나무꽃을 보고 있으면
있을수록 윤기 나는 밥상이 아른거린다
어느덧 쌀밥에 군침이 입안 가득해진다

이팝나무의 꽃가루가 자못 눈부시다
고봉밥 무르익도록 촛점을 맞추어
싱싱함이 가득해지는 창가에 앉아
뭐라 말할 수는 없지만
좋은 일만 생길 것 같은
설레임 가득한 날

샘터
―어머니

샘터는 만남이 질펀한 사랑이다
층층시하 고된 시집살이
물동이 하나둘씩 모여들면
쓴맛 단맛이 샘물로 쏟아진다
웃음도 한 바가지
설움도 한 동이씩 쏟아 낸다

동트기 전 장닭 홰치는 소리에
잠을 떨치고 자리에서 일어난 어머니
샘물 한 동이 떠와 부뚜막에 놓고
넉넉하게 아침을 준비하지만
하루는 깊은 한숨으로 이어진다

깊이 간직한 아픔은 방에 두고
내 앞자리는 건사하지 못하면서
먹구름은 금세 걷히고
정성으로 길러온 샘물
장독대에 놓인 정화수 한 사발
어머니가 가진 사랑의 징표다

블라디보스토크

눈을 크게 뜬 후루시초프*가 동토를 지켜보며
역사의 사잇길로 숨어 들었다

커다란 바위가 가로막은 듯
시베리아 트인 길은 보이지 않는다
빗속을 헤집는 버스는 앞만 보고 달리고
물구덩이에 헛발을 딛는 사람들에게
흙탕물을 온통 뒤집어씌우고
낭패한 모습에 웃음보 터뜨린다

전승 기념일에 나타난 탱크가
골목길을 정리하고 군악대가 나팔을 울린다
눈이 휘둥그래진 슬라브족은
길거리에서 고개를 흔들 때
길을 인도하는 안내자는
표정을 잃고 우두커니 바라만 본다

뒤따르던 너는 신발을 들고
어두워지는 밤을 가슴에 품는다

*후르시초프 : 소련 공산당 2대 서기장

꽃 물레

울타리 개나리꽃 피고
산기슭 매화가 활짝 웃을 때
산에 봄빛이 스민다

벌, 나비 그 속에서 길을 잃을 때
가지마다 초록 잎이 솟아나고
새파란 열매가 작은 얼굴을 내민다

벚꽃이 길을 가득 채우면
하늘과 땅은 눈부시고
산 중턱에 자리 잡은 진달래꽃
달콤한 꿀맛을 퍼트린다

계절은 바퀴 없이도 돌고
다가올 철을 바라보며
순수한 꽃으로 핀 물레를 돌린다

오시리아 해안 산책로

바람이 세차게 머리카락 날린다
꽃가루가 바람 따라 날려
꽃비 만들어 놓고
파도는 바람을 먹고
힘차게 바다를 흔들고 있다

갯바위에 앉아있는
백로 한 마리 물속 먹이를
찾는 듯 꼼짝않고 겨누고
순간을 찾을 기회만 엿본다

산책로는 무수한 놀이터로
어른아이 모두가 즐거움을 보내는
시원한 공간이 되고 있다

먼 수평선 위로 해는 등지고
떠나고 있는 느림보로 보이는
화물선들 목적지를 향하여
서서히 움직이고 있다

제 4 부
까마귀 울음

두근대다

은근슬쩍 적임이라며
건네던 명함들
느낌이 오지 않아
먼 산만 바라본다

투표용지를 보며 또 보며
적임자가 누군지
헷갈리기 시작한다
겨우 마음 정하자
처음 생각 그대로였다

기표하고 나오지만
혹여 잘못 찍은 건지
마음이 영 개운 찮아
조바심으로
가슴 두근댄다
개표장은 푸른 물결 가득하다

사랑하는 마음

너를
늘 잊지 못하는 마음
가슴에 묻어둔 깊은 까닭으로
불러만 봐도 목이 메는 그 이름
보고 싶은 마음 달랠 수 없네

못 잊을 들국화 같은 너의 모습
가슴속 사무치도록 깊게
깊이 가득 담아 두리라

보고 싶은 별아
오늘도 가슴속에 꽃으로 피어날
아름다운 내 하늘아

구름은 흘러서 멀기만 한데
마음에 우러나는 그 이름으로
갑갑한 내 심장은
하얗게 타고 있네

그리운 사람 있어

아끼는 마음
내게 있어도
아낀다는 말 차마 건네지 못한 채
살아갑니다

사랑한다는 그 말
끝까지 감당할 수 있을까 하는 염려가
내 마음을 이기지 못해
눈치만 보고 있습니다

언젠가는 내 마음속 그 온기를
알아주리라는 지나침으로
나이테가 자꾸 쌓여도
나 혼자 속쓰려 합니다

그립고 쓸쓸할 때
그대 모습 그려 보면
편해지는 마음에
두터운 눈빛 깊이 간직하렵니다

까마귀 울음

어스름한 새벽
고향집 대청마루를 마주한 나뭇가지에서
울어 대는 까마귀 소리
같이할 반려자를 만나는 기별이었다

그 소리는 지난날을 일깨운다
당신을 만나
반세기 동안 지나온 나날들이
기쁘고 넉넉하였던 것을
그러한 느낌으로 내 마음을 보낸다

내 곁에 머물므로
빛나는 삶이 이어졌기에
많고 많은 사람 중에
얼마나 중요한지를 되새겨 보며
언제나 넉넉한 마음 가슴에 담는다

오늘도 산책로를 걸어가면서
당신을 생각할 때
많은 사람이 흉조라고 생각하는

까마귀의 울음
오히려 나에겐 행운의 길조라는 생각이 든다

나의 삶이 아무리 머뭇거린다 해도
내 옆에 있었다는 것이
얼마나 즐거운 일인지
한없이 아끼고픈 당신이 아니었던가!

기다림

우린 너무 멀리 온 것 같아
어디쯤에서 멈출 수 있을려나
지나온 길을 더듬어 본다

많은 헤아림으로 앞을 바라보고
즐거움과 밝은 빛을 찾아
마음을 모아 왔던 나날들
아득히 먼 길을
단숨에 건너오지나 않았나 회상해 본다

그리움과 애틋함을 바탕으로
쉬엄쉬엄 돌다리를 두드리듯이
깊은 강을 건너온 발길을
조바심에 그냥 지나치기는 너무 아쉽다

그대 만난 일이 고맙고
넉넉하고 즐거움이 샘솟듯
감출 수 없는 내 마음

간밤에 설렌 느낌의 목소리

하염없이 향기로웠던 그때처럼
마음 설레며 그때를 그려 본다

영면永眠
　—고모님 영전에

모두가 순간이었다

길고 긴 삶의 여정은
불화로에서 녹아내려
쓰디쓴 한평생의 흔적들은
한줌의 가루로 변하였습니다

가는 길은 하나뿐

붙들고 물어봐도 대답이 없고
어디로 가시냐고 아무리 다그쳐도 묵묵부답
두드리고 슬피 통곡해도 소용이 없었습니다

남겨둔 많은 연을 무자비하게 끊어 버리시고
그렇게 가실 걸
생의 인고가 그렇게도 힘드셨나요

가신 곳이 어디이기에
그 많은 짐들
하나도 가져가지 않고 그대로 남아 있네요

빈손으로 훌쩍 가실 걸
왜 그리도 힘드시게 사셨습니까
따끔하게 느껴지는 아픔과 고통
지나온 일들이 힘들어 고개 돌리며
어렵게 맞아 왔던 수많은 주삿바늘
모두가 눈 깜박하는 찰나였나 봅니다

모두 버리고 가시는 그 곳에서
고통과 걱정 근심 내려놓으시고
편안히 쉬시기를 바랍니다

망초꽃

운곡리 길섶에서 반겨주며
무리 지어 손 흔드는
눈이 큰 망초꽃

뙤약볕 내리는 하늘 향해
떼 지어 핀 춤추는 여인
웃음 가득 담은 얼굴
밤하늘 별보다 밝다

내 눈빛 흔들어 놓고
바람에 날리는 향기로
양지바른 언덕을 물들게 한다

산들바람에 흔들리는 꽃대
춤추는 몸이 기우뚱거려도
뿌리를 잃지 않고
하늘 한 켠을 붙드는 꽃

광안리 불빛

눈에 부시다
빛으로 보여 주는 빛

물결과 물결 사이 흘러드는 사람의 물결
빛에는 끝이 없다

눈빛을 달빛에 걸어두고
손짓하는 바닷속으로 느릿하게 걸어간다

해변에 숱한 수족관에 있는 물고기
눈을 돌려 보지만
꼼짝하지 않는 몸
무슨 잘못인지 알기나 할까

짙은 어둠 속으로 멀어져 가는
불빛에 비치는 모가지
활어 횟집

출렁이는 물결소리에 휩쓸려
불빛도 따라 흐른다

동해남부선 옛 철길

부산 시민과 함께하다 폐선된
바다 가까운 옛 철길
하늘과 바다가 가슴에 드는
블루라인 해양관광 공원 지역이다

공중을 나는 스카이캡슐
해변을 일깨우는 열차의 기적 소리
너와 나의 거리를 허물고
시원한 파도 소리를 듣는다

바닷바람 맞으며
해안 따라 늘어선 견고한 데크
건강을 지켜주는 기준이다

아침이슬 머금고
피어있는 들국화 향기
바다 위 찬란한 물빛으로
눈부신 따뜻한 햇살
마음에 햇살 가득 채운다

불꽃 축제

코비드covid 19,
참! 힘이 세다

공중 높이 올라가던 찬란한 빛줄기는
함께 손잡고 모여들어 웃음 짓는 영광도
허공으로 흩어진다

끝이 보이지 않는 무서운 공간들
한없이 흘려보내며
길고 긴 터널에서 참고 참아도
웃음꽃은 어디에 숨었는지
노란 재킷만 텔레비전을 장식한다

고향 계신 백세 어머니
아들도 알아보지 못하는 세월
언제나 끝이 되어 환한 웃음으로 반겨 줄지
꿈같은 불꽃 축제
다시 볼 수 있는 날 기다려 보며
내 마음은 산산조각이 나 설움에 북받친다

우리 집

'우리 집'이라는 단어에서
따뜻한 불빛이 새어 나온다

현관문 들어서면 언제나 포근함을 안겨주고
바깥에서 내가 괴로움을 당해도
편안히 쉴 수 있는 곳

백세 노모 계시는 장남인 나
9남매인 맏이로
딸 하나, 아들 둘의 아버지가 되고
손자 넷, 손녀 셋의 할아버지도 된다

가지 많은 나무에 바람 잘 날 없듯이
아들도 알아보지 못하는 어머니
언제나 긴장된 삶이지만
우리 집을 지키는 버팀목 되어
어렵고 힘에 겨운 생활 속에서
부드럽고 따스함이 스며든다

가시밭길 벼랑 끝이 겹칠 때마다

항시 따스한 쉼터가 기다린다는 생각에
계절이 아무리 변해도
밝은 불빛이 가득한 우리 집
두터운 사랑으로 모여드는 보금자리

흰 소나무

기후가 달리 되어도 푸르름 간직하고
싱그러움 뽐내던 소나무
한 번 변하고 싶은 마음 가진 걸까
머리에 흰 눈을 뒤집어쓰고 있네

세월 따라 허물어지는 몸과 마음
우리 삶이 걸어오던 길이 건만
푸르름 자랑하는 소나무처럼
흔들림 없는 젊음으로 살 수 있을까

자연의 흐름 따라
모두 주어진 제 모습으로 돌아가지만
모진 비바람 맞으면
변종으로 변하여 다르게 살아가네

천수 누리는 하얀 머리 청솔은
변화는 환경의 순리 따라
참된 기쁨이 무엇인지 깨달아 가며
예쁘게 한 걸음씩 내딛고 있네

어머님께 드리는 노래

보이지 않는 바람같이
우리를 감싸 안은 어머니
당신의 고통 속에 새 생명을 받아
이만큼 자라온 날들이 있었습니다

웃음보다는 눈물이
만남보다는 이별이 더 많은
언덕길에선 어머니
하얗게 머리 푼 억새와 같이
흔들리는 아픔도 지우지 못한 그리움입니다

끝나지 않은 가시밭길이 힘겨울 때
눈물 속에서 불러보는 따뜻한 이름

사랑한다고 말 하고 싶었으나
부끄러워 불러보지 못한 못난 나

나도 끝없이 용서하는 어머니처럼
흐르는 강물 되어, 바람 되어
언덕길을 넘어 가렵니다

산수유

귓볼 스치는 차가운 바람에
멀리서 오고 있는 봄소식을 느끼며
산천은 노란 꽃으로 물들어 간다

꽃이 피고 잎이 돋아
한여름 뙤약볕 아래
새빨간 열매로 풍요로운
자태를 보여 준다

가을을 노래하는
눈부시도록 빨간 열매는
지울 수 없는 순례의 시작

노란 꽃 멀미가 나는 현기증으로
꽃구름 피어나는 산수유 마을은
변하지 않는 봄을 느낀다

봄바람이 불면

봄바람이 코끝을 스치면
서로 시샘하듯
꽃순을 뾰족이 내밀어 바깥을 살핀다

마음을 두고 간
그 사람
혹 찾아올까 고개 돌려 본다

어느 순간
꽃잎들은 춤을 추며
화르르 옷을 벗는다

산에는 진달래
들에는 여인들이 봄을 캐어
봄 향을 한 소쿠리씩 담아 간다

봄소식 안고 오는 향긋한 산들바람
줄기마다 새싹을 틔우며
내 가슴에 문을 연다

백로

긴 다리로 물속을 거닐어도
송사리 떼와 개구리는
겁먹지 않은 듯 움직인다

새가 걸음을 멈추고
기웃거리던 긴 목이 정지하였을 때
물결은 일시에 멈춰 선다

방향을 잃고
몸 숨기지 못한 개구리들
백로는 한 끼 밥을 삼킨다

돌짝 위에서
깃털을 고르고 날개를 펴는 휴식은
천상의 하얀 여신같이
눈부시게 아름답다

깊은 밤잠 못 들어 뒤척이는 나
외로움을 삼키며 고고한 모습으로
백로가 되어 날개를 펴고 싶다

봄 달맞이 길

길을 가로막듯
흐드러지게 늘어선 벚꽃
사이사이 샛노란 개나리에 길이 좁다

산들 바람에
꽃잎마다 하얀 웃음 가득한 얼굴로
마주 보고 있으면 와! 하는
탄성이 절로 난다

화사한 느낌으로 만드는
나뭇가지 사이로 쏟아지는 햇살에
반짝이는 꽃잎들이 휘날려
찾아온 여행자를 반겨 준다

밤이면 달을 맞이하는
활짝 핀 벚꽃들은 달빛을 보듬고
숨겨 놓은 옛 추억을 풀어놓으며
밤이 지나가는 걸 잊는다

오월 장미

립스틱에서 넘쳐 나는 입술은
태양마저 불 태울 기세다
요염한 눈길에 사로잡힌 가슴
설렌 마음이 얼어붙는다

빠져나올 수 없는
설레는 청춘

붉은 향기에 매혹되어
손끝이 몸에 닿으려는데
숨어 엿보던 날카로운 가시에
찔려버린 손등 상처
아물 새도 없이 장미는
오월 가슴을 붉게 물들인다

해질녘이면 눈썹 끝에

해질녘이면 눈썹 끝에 희미하게
남은 흔적이 그려진다
따라오는 뒷바라지도
노을 따라 저물어간다

반백 년을 꾸려온 집안 살림
그 뒷모습이 물빛처럼 젖어 들고
꿈으로 지낸 무지개 같은 삶
거울 속으로 붉은 눈망울이 보인다

어둠이 깊어질수록 감도는 상처
돌아올 수 없는 길로 가버리고
부서지고 흩어져 버린 발자국들
깨어진 거울 조각인 양
한 줌 가루로 떠났다

한없이 보고 싶고 아프지만
하늘의 별이 된 당신
빛나는 저 별과 눈 맞추어도
무슨 신호인지 알 수가 없다

어머님 전

 엄마! 어디 가서 또 부를 수 없는 이름 어머니, 엄마 그동안 너무 힘든 세월이었습니다. 그 수많은 고생스럽던 시간을 조금도 원망 없이 누굴 탓 함도 없이 모두 받아 지내오신 그 긴 100년의 세월은 지나고 보면 한 순간이었습니다.

 젊은 나이에 엄한 시부모 모시고 또 시어머니 중풍으로 8년간이나 시중 들면서도 조금도 원망 없이 모두 받아서 처리하시는 모습을 또 아버지의 작은댁을 두고 별거하시다시피 하는 것에 조금도 불만이나 한스러움을 보이시지 않고 받아 주시는 그 너그러움은 얼마나 속상하셨을까 지켜보는 저희는 마음이 아프고 아렸습니다

 아버지의 까다로움을 한 번도 큰소리 없이 받아 주시고 불화 같은 남편의 성격으로 밥상을 마당에 집어 던져도 큰소리 한번 하지 않으시던 그 시절 생각하면 엄마의 가슴속은 하늘보다 넓고 바다보다 깊은 심중을 가졌을까

 그 많은 농사일에 일군들 식사며 중참을 챙겨 머리에 이고 등에 아이 업고 들에까지 다니는 그 모습은 지금 생각하면 우리 엄마는 어떤 큰 성인보다 넓고

넓은 마음과 가슴을 가지신 우리 엄마 그렇게도 불칼 같은 시어른, 까다로운 병중인 시어머니를 어찌 그렇게 모셔왔습니까

 지난 세월의 이야기를 다 하자면 한없이 많을 것입니다 그런데도 그 힘든 치매를 겪으면서도 큰소리 없이 지나시는 모습도 감격스러운 시간들을 지켜보았습니다
 엄마 큰아들이라고 그렇게 챙겨서도 저는 엄마의 반에 반도 한 것이 없는 것 같습니다. 내가 결혼하면서 마음에 없는 결혼이라고 슬프게 한 것은 지금 와서 생각하면 너무 후회스럽습니다. 내 자식들 훌륭하게 키워놓고 한마디 말도 없이 떠나간 당신의 큰며느리 여주이씨 경숙씨 하늘나라 가셔서 만났으면 왜 그렇게 남겨두고 왔냐고 한번 물어 보세요

 어머니 100년이 참 긴 세월이었습니다. 자식들 많다고 해도 다들 살기 바쁘고 해서 엄마를 위해서 많은 것을 못 해드렸던 마음들일 것입니다 그래도 큰며느리와 자식 하나 만 떠났지 모두 들 나름대로 기

안채우고 그런대로 삶을 꾸려가고 있어서 모두가 다행이고 엄마의 복이라고 생각합니다. 고생스럽던 그 세월은 다 잊으시고 엄마의 지난 세월을 생각해보면 남을 해 안 끼치고 살아오신 그 모습이라면 그곳에 가셨어도 편안한 곳에 가셨을 거라고 생각합니다. 남아 있는 자식들 잘 보살펴 주시고 부디 여기에서처럼 고생하시지 마시고 행복하고 편안하게 지내시며 영면하시기 바랍니다

　마지막으로 불러 봅니다　어머니 ! 엄마 !
　(2025. 1. 4.)

해설

그리움의 리얼리티

강영환 (시인)

해설

그리움의 리얼리티

강영환 (시인)

 시에는 정답이 없다. 정답은 없지만 정답에 근접한 모습은 만들어야 하는 것이 시다 그것이 독자에게 전할 메시지를 가장 풍족하게 담아낼 그릇을 만들 수 있기 때문이다. 그렇게 오랫동안 정답을 찾아 써온 시는 불문율로 일정한 틀, 또는 형식을 갖게 된 것이다. 효율적인 전달을 위해 시는 일정한 형식과 내용에 시가 지녀야 할 격조가 있다는 것을 알게 된다. 그 틀과 격조를 지니지 못하면 시라고 부를 수가 없다. 시가 대상으로 삼는 것은 세상에 존재하는 모든 사물과 세상의 모든 사건들이다. 그 대상에는 어떤 한계를 두지 않는다. 그것은 곧 우리 삶과 우리 인생에서 만나는 모든 사물이 시적 대상이 된다는 뜻이다. 중세 시대 서구사회에서 시는 왕족이나 귀족들의 전유

물이었고 시민들은 접근할 수 없는 고귀한 예술이었다. 그러던 것이 시민사회의 혁명으로 시민들도 시를 향유할 수 있게 되면서 그 대상에 제한을 두지 않는 자유로운 정신세계를 가지면서 시가 가질 수 있는 공간이 대폭 확장되어 오늘날의 영역을 갖게 된 것이다. 왕이나 귀족만을 칭송해 왔던 시가 길섶에 자란 풀이나 굴러다니는 돌멩이까지 시적 대상이 될 수 있게 된 것이다. 그러기에 시인은 시를 쓰는 데 있어 가장 우선시 되는 덕목이 자유를 누릴 수 있다는 것이다. 시인은 시 속에서 마음껏 자유를 누려야 하는 것이 시인정신이 된 것이다. 그래서 시인은 독재 권력이나 부패 정부에 항거하는 시도 쓸 수 있게 된 것이다.

그래서 시인마다 자신이 추구하는 시적 모습에 특징적인 면모를 갖게 되는 것은 자연스러운 모습이다. 시인들 중에는 자연생태에 관심을 갖고 추구하는 시인도 있고, 인간의 허무에 대하여 집착하는 젊은 시인도 있고, 사랑에 대한 끈질긴 탐색을 통하여 인간의 본질에 접근해 보려는 이도 있고, 삶과 죽음을 탐구하는 시인, 전쟁에 관해 탐구하며 인간의 본질에가 닿고자하는 시인, 인간이 지닌 절대 고독에 대한 탐색, 시인마다 자신만의 세계를 탐구하는 모습은 정답이 없는 시에 자신의 정답 하나를 갖다 두기 위한 시인들 간의 보이지 않는 치열한 암투가 존재하는 것을 보여준다. 이처럼 시는 시인에 의해 만들어진 또 다른 형이상학의 세계이다. 자신이 만든 세계에서 시인은 스스로 행복해지는 발견자인 것이다.

  조용범 시인은 2013년 《문예사조》로 등단하여 시집으로 『길을 나서는 명상』(2013), 『후회는 먼저 오지 않는다』(2015), 『거울 안의 자존심』(2016)등을 상재하였다. 조용범 시인의 작품에는 인간의 그리움에 대한 서정이 그려져 있다. 그리움에는 대상이 있다. 현재가 외롭다면 그 외로움을 벗어나기 위한 방편으로 누군가를 그리워하게 되는데. 그 대상은 가장 가까이 함께했던 이가 먼저 그리워질 것이다. 그리워지기 위해서는 현실에서의 부재가 전제된다. 그것의 의미는 곁을 떠나 있어야 한다는 것이다. 조용범 시인은 사별한 부인에 대한 오래 묵은 정을 잊지 못하고 함께 보냈던 고마움에 대하여 회상하고 그리워한다. 그래서 시인의 작품에는 아내의 부재에 따른 고적감과 독거에 대한 쓸쓸함이 뭉클 묻어나는 작품들이 주를 이룬다. 곁의 부재에 대한 아쉬움을 은유나 상징을 사용하여 숨기거나 감추지 않고 스스로 감정을 노출함으로써 독자로 하여금 쉽게 공감할 수 있도록 드러낸다. 이 시집은 일상에서 모든 이들이 쉽게 느끼는 곁의 부재를 장식없이 보여주고 있는 시편들이 진

솔성으로 드러난다. 조용범 시인의 그리움의 대상은 시집 머리말에 잘 드러나 있다.

"어스름한 새벽 대청마루 마주한 나뭇가지에서 울고 있는 까마귀 소리는 반려자를 만나는 기별이었다는 것을 늦게 알았다. 반세기 동안 곁에 머물면서 기쁘고 넉넉하였다는 것을 이제야 느낀다.
 남은 흔적의 뒷바라지도 물빛처럼 젖어 들고 꿈으로 지낸 무지개 같은 삶 거울 속으로 보이지만 돌아올 수 없는 길로 가버리고 한없이 보고 싶고 아프지만 영원히 떠난 당신에게 이 책을 바치고 싶다."(자서)

함께 시를 배우고 쓰며 동고동락을 해왔던 아내가 먼저 훌쩍 떠나고 말았을 때 느껴지는 그리움과 아내의 부재를 매사에 느끼며 그 공허함이 가져다주는 스스로를 주체할 수 없는 외로움이 있었다. 시인은 이때 느낀 공허함에 대한 느낌보다 그 이후 느꼈던 배우자에 대한 느낌을 오래 잊지 못함을 고백한다. 어스름한 새벽 '고향집 대청마루를 마주한 나뭇가지에서/울어 대는 까마귀 소리/같이할 반려자를 만나는 기별이었다'(「까마귀 울음」) 오래된 기억이지만 어찌 잊을 수 있겠는가? 평생의 반려자를 생각할 때마다 처음 만났던 일을 가슴에 새기고 마음에 간직해

왔던 것이다.

 아침에 눈을 떴을 때 까마귀 한 마리가 감나무에서 울어댄다. 처음 들었을 때는 까마귀 울음을 좋은 느낌으로는 받아들이지 않았다. 그날 어머니가 가지고 온 색시에 대한 소식이 전해질 것이라는 사전 기별로 까마귀가 울었다는 것은 자신의 평생 반려자로 살았던 반평생이 지난 뒤에야 느끼게 된 것이다. 반려가 된 아내는 반생을 곁에 머물면서 기쁘고 넉넉하였음을 떠나고 난 뒤에야 비로소 느끼게 된다. 그동안의 뒷바라지가 내 안에 물빛처럼 젖어 들고 꿈 같이 지냈기에 그 찬란한 삶이 무지개같이 거울 속으로 보인다. 그러나 아내는 돌아올 수 없는 먼 길을 가버리고 곁에 없다. 한없이 보고 싶고 그대를 생각하면 가슴이 아프지만 아내를 사랑하는 마음을 담은 시편들을 아내 앞에 바치고 싶다고 쓴다. 이 시집은 대체로 하늘나라로 떠난 아내를 그리워하고 아내를 생각하는 마음으로 쓴 시편들로 엮여져 있지만 모두가 그런 작품들로만 이뤄진 것은 아니다. 사물을 노래하거나 어머니를 그리워하는 작품들도 함께 묶여져 있다.

 너를
 늘 잊지 못하는 마음
 가슴에 묻어둔 깊은 까닭으로

불러만 봐도 목이 메는 그 이름
보고 싶은 마음 달랠 수 없네

못 잊을 들국화 같은 너의 모습
가슴속 사무치도록 깊게
깊이 가득 담아 두리라

보고 싶은 별아
오늘도 가슴속에 꽃으로 피어날
아름다운 내 하늘아

구름은 흘러서 멀기만 한데
마음에 우러나는 그 이름으로
갑갑한 내 심장은
하얗게 타고 있네

—「사랑하는 마음」 전문

 심정적으로 솟구쳐 오르는 감정을 있는 그대로 쏟아낸다. 이런 모습을 곁에서 바라본다면 구구절절함을 넘어서 안쓰럽다는 느낌까지 받을만큼 심정의 노출이 심하다. 여기에다 무슨 해설이 덧붙여질 수 있는 성질은 아니다. 그저 느끼고 가면 그뿐, 이런 사랑의 근원에는 두 사람 사이에 이루어진 신뢰와 사랑의 감정을 넘어선 오래 묵은 정이란 것이 존재한다. 두 사람 사이를 더 돈독하게 만들고 있음을 보여주는 작품이 있다. '그대 만난 일이 고맙고/넉넉하고 즐거움이 샘솟듯/감출 수 없는 내 마음//간밤에 설렌 느낌의 목소리/하염없이 향기로웠던 그때처럼/마음 설레며 그때를 그려 본다'(「기다림」)와 같은 절절한 의미는 시집 전반에 흐르는 보편적 정서이다.

아끼는 마음
내게 있어도
아낀다는 말 차마 건네지 못한 채
살아갑니다

사랑한다는 그 말
끝까지 감당할 수 있을까 하는 염려가
내 마음을 이기지 못해
눈치만 보고 있습니다

언젠가는 내 마음속 그 온기를
알아주리라는 지나침으로
나이테가 자꾸 쌓여도
나 혼자 속 쓰려 합니다

그립고 쓸쓸할 때
그대 모습 그려 보면
편해지는 마음에
두터운 눈빛 깊이 간직하렵니다

—「그리운 사람 있어」 전문

  이 시에서도 감정을 숨기지 않고 있다. 어려운 형상화나 이미지를 통해 터져 나오는 감정을 제어하지 않음을 스스로 고백한다. '말 건네지 못한 채' '내 마음을 이기지 못해' '내 마음을 알아 주리란 지나침으로' '모습 그려보면 편해지는 마음'으로 그저 토해 버리고 싶은 정감들을 스스럼없이 보여준다. 시적인 감각적 표현보다는 시 이전의 감정들이 얼마나 오래 쌓여 왔던 것인지를 보여주는 작품이다. 사랑의 감정은 느낌보다 앞서서 일어난다. 시는 정답이 없기 때문에 이런 모습도 자신에게는 정답이 될 수 있음이다. '그리워하는 사람 위하여/멀리 있는 그림자 속에/지나온 간절했던 기억들/한 아름 끌어모아/하늘 깊이 띄워 본다'(「내가 사랑했던 사람」)처럼 순수하고 원초적인 느낌을 그대로 전달하는데 충실하다. 이런 그리움은 비단 먼저 떠난 아내에 대한 모습도 있지만 어머니에 대한 그리움도 시인의 마음 한편을 다잡고 있는 모습도 보인다.

　　웃음보다는 눈물이
　　만남보다는 이별이 더 많은
　　언덕길에선 어머니
　　하얗게 머리 푼 억새와 같이
　　흔들리는 아픔도 지우지 못한 그리움입니다

　　끝나지 않은 가시밭길이 힘겨울 때
　　눈물 속에서 불러보는 따뜻한 이름

　　　　　　　　　　―「어머님께 드리는 노래」 부분

　엄마 큰아들이라고 그렇게 챙겨주셨어도 저는 엄마의 반에 반도 한 것이 없는 것 같습니다. 내가 결혼하면서 마음에 없는 결혼이라고 슬프게 해드린 것은 지금 와서 생각하면 너무 후회스럽습니다. 내 자식들 훌륭하게 키워놓고 한마디 말도 없이 떠나간 당신의 큰며느리 여주이씨 경숙씨 하늘나라 가셔서 만나시면 왜 그렇게 남겨두고 왔냐고 한번 물어 보세요

　　　　　　　　　　―「어머님 전」 부분

만남보다 이별을 더 많이 겪었던 어머니를 그리워할 때마다 바람 센 언덕에 머리가 하얗게 센 억새를 생각한다. 힘들고 억척스럽게 산 이 땅 보통의 어머니 모습이다. 자신도 어렵고 힘들 때면 어머니를 찾는다. 그것은 어머니가 겪었을 어려움이 자신의 것보다 더 컸기 때문에 힘과 용기를 북돋아 주기 위해 어머니를 찾곤 했던 것이다. 그 어머니에게 세상을 일찍 떠서 하늘나라에 간 어머니 첫째 며느리를 만나서 물어보라는 것은 당신의 아들을 버려두고 왜 일찍 왔느냐를 물어보라는 것이다. 어머니를 그리워하는 마당에서도 아내와의 빠른 이별에 대해 아쉬워하고 안타까워하는 심정을 토로하는 모습이다. 이런 것을 볼 때 조용범 시인의 세계에서는 부인이 차지하는 영역이 크고 넓다는 것을 보여주는 것이다.

H. 오든은 '인생은 예술이 아니며, 또한 사회의 산파역도 될 수 없다. 그러므로 시는 시 이외의 아무 것도 아니다'라고 했다. 그러므로 시는 하나의 객체로 파악하며 상호주관적 세계이다. 휠라이트는 이를 존재론적 신비의 베일을 쓰고 있는 리얼리티의 세계라고 부른 것이다. 조용범 시인의 작품들이 보여주는 이미지들은 휠라이트가 말하는 리얼리티의 세계이다.

처마에서 떨어진 빗물을 받아
물거울을 만든다
지나가는 구름도 얼굴 비쳐 보고
참새도 앉아 화장을 고친다
담장 너머 나무들도 들여다보고
비쳐진 것을 보여주는 거울이다

수면에 비친 불귀신은
흉측한 제 모습에 소스라치고
지나가는 여인네도 매무새를 고친다

넓적한 주둥이에 들여다보면
어떤 이가 나를 보고 무어라 하는 듯하다
일그러진 얼굴이 닮은 사람 같기도 하고
혼자서 가만히 마주하면
마음을 들여다보는 것 같아
얼른 매무새를 가다듬는다

―「드므」 전문

  드므는 높이가 낮고 넓적하게 생긴 독을 말한다. 궁궐 네 귀퉁이에 방화수를 담아 놓은 그릇이다. 수면 위를 뜻하는 '드'와 거울이라는 의미의 '므'가 합쳐져 이뤄진 말이다. 이른바 항아리인데 물을 담아 놓은 키 낮은 그릇으로 물거울이라는 의미를 갖기도 하는 말이다.

이 작품에서 드므는 처마에서 떨어지는 빗물을 받아 물거울을 만든다. 그 거울에는 지나가는 구름도 얼굴 비쳐보고 참새들도 거울에 앉아 화장을 고친다. 담장 너머에 있는 나무들도 거울을 들여다 본다. 보이는 것은 다 비쳐주는 물거울이다. 수면에 비친 불귀신은 비쳐진 제모습에 소스라쳐 놀라 달아난다. 지나가는 여인네도 거울 속 제모습을 보고 매무새를 고친다. 그 넓은 주둥이를 보면 어떤 사람이 내게 뭐라고 말을 하는 듯하고 일그러진 얼굴이 닮은 사람 같기도 하고 혼자 가만히 마주하면 마음을 들키는 것같아 얼른 매무새를 가다듬는다는 것이다. 이 작품에서 드므는 건물에 불이 났을 때 불을 끄기 위해 담아 놓은 물이 거울과 같은 효능을 가졌다 생각하고 풀어나간 작품이다. 드므의 효용성을 알게 되면 쉽게 이해할 수 있는 작품이다. 방화수로 담아 놓은 물이 자연 속에서 거울 역할을 하고 있는 모습을 발견해 낸다.

이 작품에서 보는 바와 같이 조용범 시인이 시에서 보여주는 세계는 이미지 이전의 리얼리티의 세계인 것이다. 이를 보여주는 모습으로 어떤 꾸밈이나 감춤의 기법, 즉 비유나 은유, 상징들의 비유는 사라지고 일차원적 감정들이 느낌을 대체하고 있는 삶이나 자연의 모습 그대로다. 그러기에 숨은 뜻이 없어 보이는 표정 그대로의 모습을 독자들은 쉽게 시의 세계로 입장할 수가 있다. 그 입장에는 문에 턱이 없어 잘 못 해석할 여지가 전혀 없는 작품이다.

티끌 없는 웃음을 삼켰나
파문을 끌어안은 수정체
물구나무선 채로 몸을 키워 가는
거꾸로 매달린 고드름
환하게 비치는 심장에는
어떤 미래도 솟아오르지 못한다

싸움이라도 하듯이
산산이 조각나기 좋은 자세로
가다듬은 뜻을 정한 듯
똑 똑, 혀를 찬다
다시 돌아와 수직으로 서겠다는 듯이
바람에 흩어지는 물의 절벽 끝
위태롭다

―「물의 절벽」 전문

이 작품은 처마 끝에 키를 거꾸로 세운 얼음 즉 고드름을 표현해낸 시다. 티끌 없는 웃음을 삼킨 고드름은 투명하기 그지없다. 온갖 물이 일으키는 파문을 끌어안은 수정체가 되는 것이다. 고드름은 바로 서지 못하고 물구나무서서 꿈을 키워 간다. 그 꿈이란 세상을 맑히고 물이 되어 하늘로 오르는 일이다. 거꾸로 매달려 있기에 심장에는 아무 것도 비칠 게 없다. 그래서 미래도 보이지 않는다. 고드름은 싸움이라도 벌일 기세로 날카롭게 서있다. 산산조각 나기 쉬운 자세다. 오랫동안 가다듬은 뜻이라도 정한 듯 물방울을 똑똑 떨어뜨리며 혀를 찬다. 다시 돌아와 곧바르게 수직으로 서겠다는 듯이 고드름은 바람에 흩어져 가는 물이 도달한 절벽이다. 물은 얼음보다 더 나갈 수는 없다. 얼음이 된다는 것은 물의 끝이라는 의미다. 물의 끝은 위태롭다. 흩어지거나 부서지거나 해야 한다. 죽음을 앞둔 물은 스스로 윤회를 꿈꾼다. 고드름 끝에서 물로 떨어져 다시 돌아와 수직으로 서보겠다는 그런 윤회를 꿈꾼다. 시적 화자는 물의 회귀를 통해 맑고 깨끗하게 욕심 없는 삶을 희망한다. 사물에 대한 인식을 인간이 도달해야 할 도덕적 기준에 매달아 놓는다. 대상에 대한 진지한 탐구가 돋보이는 작품이다.

해질녘이면 눈썹 끝에 희미하게
남은 흔적이 그려진다
따라오는 뒷바라지도
노을 따라 저물어간다

반백 년을 꾸려온 집안 살림
그 뒷모습이 물빛처럼 젖어 들고
꿈으로 지낸 무지개 같은 삶
거울 속으로 붉은 눈망울이 보인다

어둠이 깊어질수록 감도는 상처
돌아올 수 없는 길로 가버리고
부서지고 흩어져 버린 발자국들
깨어진 거울 조각인 양
한 줌 가루로 떠났다

한없이 보고 싶고 아프지만
하늘의 별이 된 당신
빛나는 저 별과 눈 맞추어도
무슨 신호인지 알 수가 없다

—「해질녘이면 눈썹 끝에」 전문

해질녘은 빛이 사라지고 어둠이 깃드는 시간이다. 사람들이 쓸쓸함을 가장 깊게 느끼는 시간임은 물론이다. 집을 떠난 새들이 집으로 돌아가는 시간이고, 일을 마친 사람들이 귀가하는 시각이다. 그 시각이 되면 서산 너머로 하루를 뜨겁게 달구었던 태양이 힘을 잃고 서서히 숨어가는 시간이고, 어둠은 서서히 지상을 덮으며 내게로 가까이 다가오는 시간이다. 해외 나간 사람이면 고국에 대한 그리움, 타지에 나가 있다면 고향에 대한 그리움, 외출해 있다면 집에 대한 그리움, 이 시각이면 부모가 그립고, 형제들이 그립고, 곁을 떠난 사람들이 그리워하기 딱 알맞은 어스름녘이다. 수도승이나 수녀들의 파계가 가장 많이 이루어지는 시간도 해질 무렵이라고 하지 않던가. 해질녘은 가슴에 남은 상처가 되살아나는 시각이다. 술꾼들은 그런 분위기가 감정에 겨워 술집을 찾거나 포장마차에 들러 지친 마음이나 상심한 가슴을 데워 가기도 하고 외로운 사람들은 길거리를 방황하기 알맞은 시각이다.

이 시에서 해질녘이면 눈썹 끝에 희미하게 곁을 떠난 이의 모습이 걸린다. 그동안 곁에서 해준 뒷바라지도 노을 따라 저물어 간다. 기억들은 희미해져 가고 모습은 선명하게 떠오르는 것이다. 반백 년을 꾸려온 집안 살림하며, 묵묵히 보여준 뒷모습에 물빛처럼 젖어 들어간다. 꿈같이 지낸 삶이 무지개를 탄다. 그러나 거울 속으로는 힘들었던 눈망울이 충혈된 채 보인다. 어둠이 깊어갈수록 내게는 상처로 남고 당신은 돌아올 수 없는 길로 가버렸다. 뒤에 남은 당신 발자국도 깨어진 거울처럼 부서지고 흩어져 버렸다. 그리고 당신은 한 줌 가루로 떠나 버렸으니, 당신이 한없이 그립고 보고 싶지만 당신은 하늘에 별이 되어 반짝거리며 내게 신호를 보내온다. 하지만 나는 별과 눈 맞추어도 그 신호가 무슨 뜻인지 알아차릴 수가 없다.

사별한 아내를 그리워하는 끔찍한 고백이 담겨져 있는 작품이다. 조용범 시인의 작품들이 가지고 있는 특징 중의 하나가 진정성이라는 것이다. 어떤 대상이든 꾸밈이나 허구성보다는 직접 체험이나 자신의 진실한 느낌으로 다가선다. 그러기에 독자들의 생각과 크게 다름이 없다. 시인이 내세울 수 있는 진정성이야말로 시가 지닌 힘이다. 화려한 무늬보다는 안에 숨겨진 내적 힘에 의해 전달력을 가질 때 시는 힘을 얻게 된다. 그것은 진실이 주는 힘이다. 조용범 시인의 네 번째 시집 상재를 축하 드린다.